NOTICE

NÉCROLOGIQUE

SUR

M. LEJOSNE.

LILLE,

IMPRIMERIE DE L. DANEL, GRANDE-PLACE.

1842.

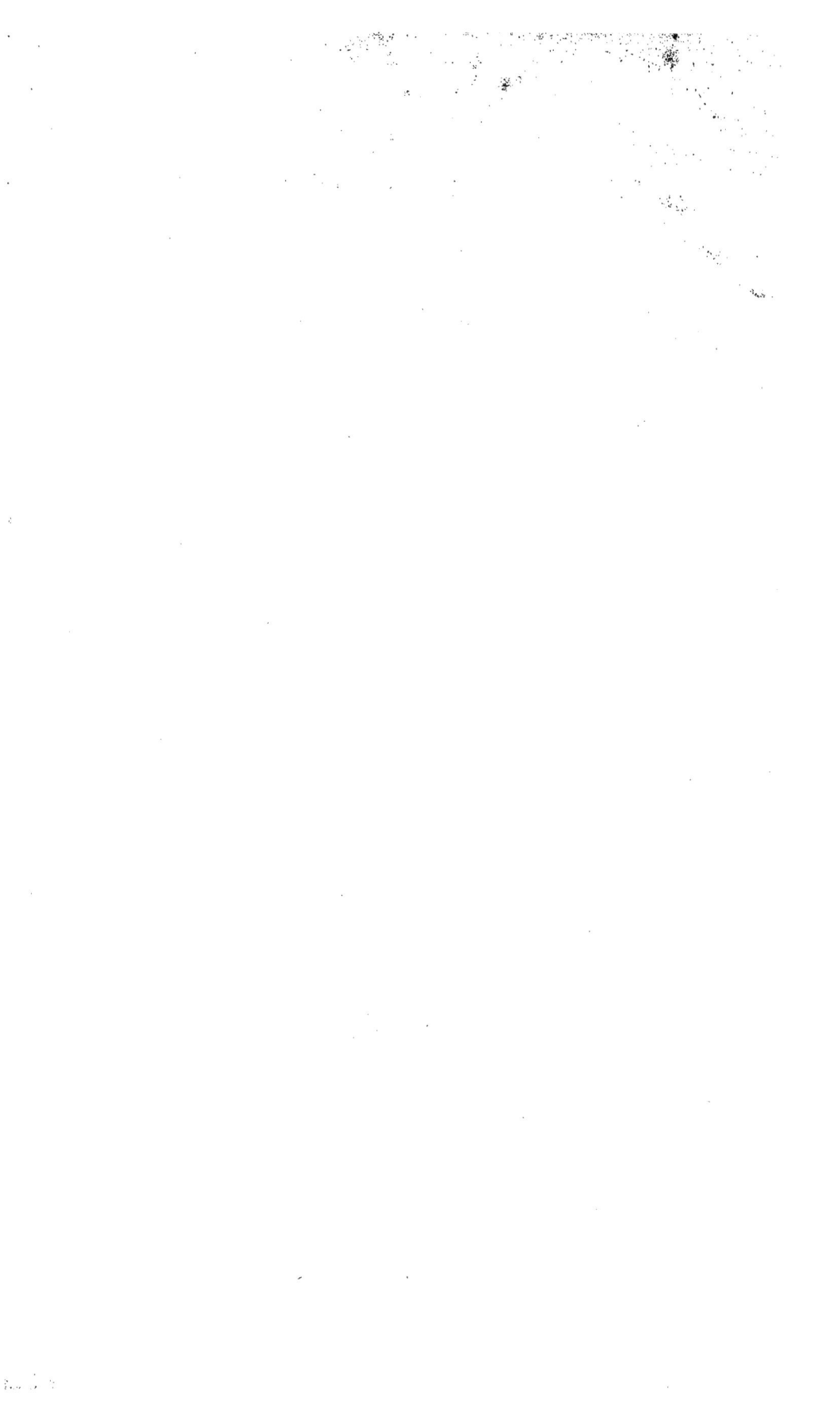

LEJOSNE.

L'homme de veilles et de science qui s'en va ; l'homme de peine
et de bien qui meurt ; le laboureur vertueux qui a nourri l'état de
ses travaux et de ses sueurs ; le soldat qui a défendu la patrie de
son bras et au prix de son sang ; le prêtre qui s'est consacré à Dieu

et à l'humanité par le double sacerdoce de la religion et de la vertu; l'administrateur qui a donné à ses concitoyens ses lumières, son zèle et son dévouement; le magistrat qui, en interrogeant le crime et en rendant toujours la justice sans peur et sans reproche, n'a jamais failli dans l'exercice de ses fonctions saintes, méritent tous, au-delà de la tombe, à des titres divers, nos regrets, nos éloges, et nous leur devons ce tribut, de rappeler leur souvenir à ceux dont ils ont bien mérité. Etienne LEJOSNE que la mort nous a enlevé subitement au commencement d'octobre 1841, dans sa quatre-vingt-sixième année, fut un de ces hommes. Aussi est-ce avec le double sentiment des regrets que nous inspire sa perte, et du besoin que nous éprouvons de remplir un pieux devoir, que nous consacrons à sa mémoire ces quelques lignes destinées à rappeler l'homme privé, l'homme politique, l'administrateur, le magistrat. Dès son enfance Etienne LEJOSNE fit voir qu'il avait reçu de la nature une de ces organisations heureuses qui servent, comme instrument de l'intelligence, à manifester avec éclat des facultés supérieures. Une éducation excellente et de solides et brillantes études vinrent féconder et développer les belles qualités qui ornaient son esprit et son cœur. La science du droit, dont il fut plus tard un professeur distingué à la faculté de Douai, vint mettre le sceau à ses études.... Aussi en entrant dans la société pour y remplir ses devoirs d'homme et de citoyen, il y porta non pas seulement une de ces ames généreuses qui ne veulent ni ne font jamais le bien à demi; non pas seulement une de ces imaginations vives et brillantes que règle une raison supérieure ; mais encore ces lumières, ces connaissances qui donnent pour ainsi dire à l'esprit humain plus de réalité et de profondeur. Avocat au parlement de Flandre, et plus tard professeur de droit français, il fit voir qu'il savait également plaider avec talent et professer avec distinction. Je viens de prononcer le mot de parlement ; ce mot me rappelle ce que me conta un jour M. Lejosne lui-même. Savez-vous, me dit-il, que j'ai été brûlé vif par ordre du parlement ! Et en voyant l'air étonné que firent naître chez moi ces paroles dont je n'avais pas le sens, il se mit à sourire et ajouta : ce n'est pas une plaisanterie, et cependant n'allez pas vous imaginer que je me sois avisé de renaître de mes cendres ; je ne suis point un phénix, et comme j'allais l'interrompre à ces derniers mots pour lui adresser quelque chose de flatteur, il m'arrêta tout court : je vous vois venir, me dit-il avec toute l'aménité d'un vieillard spirituel, soyez plus poli encore en ne me disant rien et en me laissant conter mon histoire. J'ai donc été brûlé et voici comment : je vais vous donner le mot de l'énigme. L'écrivain qui compose et son œuvre ne font qu'une seule et même chose, comme la mère et son enfant ne font qu'un : maltraiter l'enfant c'est maltraiter la mère ; maltraiter l'écri t, la composition de l'auteur, c'est maltraiter l'auteur lui-même. Or, une production philosophique dont j'étais le père et dont, en cette qualité, je ne voyais guères alors les défauts ni les faiblesses, fut brûlée par ordre du parlement ; voyez, me dit-il en souriant, si je n'ai pas, rigoureusement parlant, été brûlé vif. Mais, continua-t-il

d'un ton grave , je ne vous ai pas dit pourquoi cette production fut brûlée. A l'époque où je la fis paraître , trompé par les théories spécieuses d'une science qui ne sait rien sur rien, je croyais savoir avec elle la cause de la différence qui existe entre l'homme vertueux et l'être vicieux, entre l'homme qui s'honore par la pratique du bien et celui qui se souille de crimes horribles , et je voyais cette cause dans la différence des tempéraments et des organisations. Je confesse mon erreur et je reconnais que je n'y suis tombé que parce qu'une connaissance profonde du cœur humain me manquait alors. Cependant , me dit-il en terminant, le parlement, qui m'épargna la peine de la brûler moi-même , cette production , avait eu le tort grave , en agissant ainsi , de manquer à la raison , à la justice et aux convenances ; car c'était douter du triomphe de cette même raison , porter atteinte à la liberté de penser et donner un scandale. Des opinions, des erreurs se réfutent et ne se punissent pas ; et d'ailleurs que peuvent des erreurs ou des opinions qui n'ont point la vérité pour base , contre la raison universelle, la conscience et l'autorité du genre humain ? Est-ce autre chose que ces nuages d'un moment qui passent et laissent pur et resplendissant le soleil dans les cieux ?

C'est ainsi que le noble vieillard se condamnait et se justifiait tout ensemble avec une grandeur d'ame vraiment admirable. Je n'ai pu me refuser la satisfaction de rapporter ce fait raconté par M. Lejosne lui-même. Du reste, cet acte de sévérité du parlement ne porta aucune atteinte à l'estime générale dont restait digne l'auteur de bonne foi d'une production contraire dans son esprit à ces doctrines, à ces vérités éternelles sur lesquelles reposent la morale, la liberté et le bonheur du monde. N'oublions pas d'ailleurs que les meilleurs esprits et les plus belles ames ont donné dans des erreurs analogues. Reprenons notre récit. La révolution vint. Homme sincèrement et entièrement dévoué à la chose publique, et confiant dans un avenir dont il voyait se lever l'aurore, il dut accueillir et saluer les principes et les réformes de cette époque; époque du reste si féconde en grands et magnifiques résultats et en déplorables ruines et tristes excès. Ainsi fit-il, mais toujours avec cet esprit, cette pensée du bien public qui veut le mouvement et le progrès avec mesure, avec ordre, avec harmonie, mais toujours avec cette sagesse qui désire voir le fleuve portant la vie et la fertilité, couler librement dans son lit sans déborder avec fureur; mais toujours avec cette volonté qui souhaite que l'édifice qui se répare ou se reconstruit n'écrase point sous sa chute ceux qu'il abrite. Tels étaient les principes et les sentiments qui animaient et dirigeaient Etienne Lejosne. Cependant, malgré son civisme, malgré ses vertus de bon citoyen, frère d'une victime que la république avait cru devoir immoler à sa sûreté parce qu'elle avait rencontré dans Pierre Lejosne un adversaire énergique, il fut incarcéré. Jeté dans les cachots et sous les verrous de la révolution, ayant devant lui l'échafaud fumant du sang de son frère, derrière lui toute sa famille, à ses côtés la fille aînée de la victime qu'il avait recueillie dans l'ombre de sa prison à ses risques et périls,

interrogé par l'ombrageuse république, il dut se justifier, et avec lui tous les siens, d'être, à des titres divers, les parents de Pierre Lejosne. En lisant le compte-rendu et la justification d'Etienne, en se rappelant toute sa vie qu'ennoblissent un beau caractère et un cœur généreux, on voit, on sent, on reconnaît que :

La terreur interroge et la crainte répond.

Non pas la crainte de l'égoïsme, il n'y eut jamais d'égoïsme dans cette ame heureuse d'être bienfaisante et utile aux autres; non pas la crainte de la lâcheté, il n'y eut point de lâcheté dans cet homme qui osa braver les dangers les plus menaçants; mais la crainte qui prend sa source dans cette sensibilité vraie et profonde qui nous efface et nous anéantit à nos propres yeux, pour nous laisser voir uniquement les personnes qui nous sont chères et nous faire trembler sur les périls dont elles sont menacées. C'est cette crainte qui fit parler M. LEJOSNE dans sa justification; cette crainte qui lui montra la femme qu'il se plaisait à nommer à tant de titres une épouse modèle; sa mère qui lui avait recommandé de lui conserver le dernier de ses fils à tout prix, ses sœurs, toute sa famille, tant de vies précieuses et chères à son cœur et dont la conservation ou le bonheur dépendait du salut de ses jours; retenu dans la vie par tant de liens si doux, sensible aux instances et aux larmes d'une épouse, aux prières d'une mère profondément désolée, aux dangers de toute sa famille, réduit à la dure et impérieuse nécessité de le faire, il se justifia d'être le frère de Pierre Lejosne, et sortit des cachots de la liberté étonnés de lâcher une proie. Nous avons dit plus haut qu'il n'y eut jamais ni d'égoïsme ni de lâcheté dans cette ame supérieure par ses facultés morales aussi bien que par ses facultés intellectuelles : il nous suffira, pour le démontrer jusqu'à l'évidence, de rappeler avec rapidité quel fut l'homme politique, l'administrateur, le magistrat, l'homme privé. Son mérite bien connu et la haute considération dont il jouissait l'avaient fait nommer administrateur du district de Douai. Chargé de l'adminis- tration des propriétés publiques, et procédant comme adminis- trateur à l'adjudication des domaines nationaux, lorsque du chef de sa femme il lui eût été facile de spéculer avantageusement dans cette circonstance, il montra cette probité, cette intégrité, ce désintéressement qui valaient dans l'antiquité, à ceux qui en don- naient l'exemple, d'immortels et glorieux surnoms. C'est vers cette époque que les soldats de la garnison, se laissant aller à une fureur séditieuse, menaçaient de se livrer dans leur égarement redoutable à de sanglants excès, en tournant leurs armes les uns contre les autres. Dans cet état de choses, M. Lejosne, s'armant d'un courage moral bien supérieur à la bravoure qui affronte la mort sur les champs de bataille, court haranguer des furieux, à la bouche du canon et sous la pointe de leurs baïonnettes mena- çantes, leur impose par sa fermeté, leur prouve qu'ils ont tort et leur persuade de rentrer dans le devoir. Comme trait de courage, ce fait-là vaut bien un fait d'armes, et comme acte de dévouement civique il est au-dessus de tout éloge.

Député à l'assemblée législative, il y parut avec ces principes d'ordre et de liberté, de progrès et de mouvement, avec cette volonté et cet amour du bien public et du bonheur social, qui furent toujours la règle fixe et invariable à laquelle il rapporta comme membre de cette assemblée toutes ses paroles, toutes ses pensées, toutes ses actions, toutes ses démarches. Combien de sé-ductions, de tentatives, d'efforts, pour lui faire sacrifier l'utilité générale à des avantages privés et le faire songer, par des considé-rations irrésistibles pour beaucoup d'autres, à des intérêts particu-liers qu'il regardait comme si minces et si vils par rapport aux grands intérêts de la nation. Tout fut inutile, la sévérité de ses principes, l'invincible délicatesse d'une belle ame, l'inflexibilité d'une conscience incorruptible et un désintéressement supérieur à tout, triomphèrent de tous les moyens qui furent employés pour le faire dévier de la route où marchent solitaires les hommes d'une pareille trempe ; aussi dans tous les votes de la législature, pou-vons-nous assurer qu'il ne votait jamais dans tel ou tel sens, que parce que, sous l'empire de ses convictions et sous les inspirations de sa conscience, il ne devait ni ne pouvait voter autrement.

Après avoir été violemment secoué par la tempête, après avoir vu s'ouvrir l'abîme qui menaça de l'engloutir, peut-être avec tout ce qui lui était plus cher que la vie, il éprouva le besoin de res-pirer dans une atmosphère moins orageuse, et faisant succéder le calme délicieux d'une vie modeste et simple aux agitations et aux troubles de sa vie publique, il se retira à Santes, dans sa maison de campagne, pour y vivre dans les jouissances et les charmes du bonheur domestique. Appelé aux fonctions de maire de ladite commune, il les remplit pendant près de dix ans avec ce zèle qu'il portait partout et dans tout et avec cette intelligence qui décèle une capacité administrative digne de se déployer sur un plus grand théâtre. Aussi était-il considéré par M. de Pommereul, préfet du Nord, comme le meilleur des maires ruraux du département. Trois fois il donna, pendant cette période de temps, sa démission, qui fut toujours refusée. L'administration supérieure savait ce qu'elle faisait en ne l'acceptant pas. Elle voulait conserver à la commune un administrateur habile et dévoué, aux pauvres de Santes, un père toujours occupé et préoccupé de leurs besoins, de leurs misères qu'il allait soulager lui-même sous leurs toits indigents que dans sa touchante sollicitude et son infatigable charité il se plaisait à visiter pour consoler, secourir et faire régner avec l'aisance, l'ordre et la propreté.

Que dirai-je du magistrat ? Nommé juge d'instruction en 1811 et maintenu dans ces fonctions graves et importantes par la restauration, il les remplit durant l'espace de dix-neuf ans avec une telle distinction, que pendant le cours de ce laps de temps, il obtint chaque année, à la rentrée de la cour royale de Douai, une mention honorable et qu'au ministère de la justice il fut regardé comme l'un des trois meilleurs juges d'instruction du royaume. Ne nous en étonnons point, nous savons que c'était un homme d'une haute intelligence, d'un savoir profond et qu'il joignait à beau-

coup de finesse et de pénétration dans l'esprit, une grande expé-
rience, une connaissance profonde du cœur humain : ajoutons
que comprenant tout ce qu'il y a de sacré dans cette magis-
trature, il en remplissait tous les devoirs aussi religieusement que
le prêtre vénérable qui s'acquitte avec zèle de toutes les obliga-
tions du sacerdoce. J'ai lu plusieurs procédures instruites par
M. LEJOSNE, et en les lisant j'ai facilement reconnu une manière
de travailler qui est à lui, la manière d'un homme supérieur. Nous
ne dirons rien de son zèle infatigable, c'est chose connue : mais ce
que peu de gens savent, c'est que le magistrat savait concilier les
devoirs sévères et délicats de sa charge avec ces sentiments d'humanité et de charité qui le faisaient compatir aux besoins et aux
misères des criminels qu'il avait interrogés comme juge et qu'il
soulageait comme homme. Courbé sous le poids des années et des
fatigues, chargé de services trop grands pour que la reconnaissance publique puisse les payer, il appelait l'heure de la retraite et
du repos; il fit enfin accepter la démission qui lui avait été ren-
voyée plusieurs fois. L'état ne renonce point aisément aux services
de pareils hommes.

Dans tout ce que nous avons dit et rapporté de l'homme politique, de l'administrateur, du magistrat, on a déjà pu voir
l'homme privé et en juger d'avance ; car c'est l'homme privé qui,
généralement parlant, à beaucoup d'égards et sous bien des rap-
ports, donne à l'homme public toute sa valeur. M. LEJOSNE, doué
du sentiment exquis des convenances sociales, riche de connais-

sances variées, étincelant d'esprit, plein de verve et d'imagi-
nation, possèdant mille qualités qui en faisaient un homme d'un
commerce extrêmement aimable, répandait dans les relations qu'on
avait avec lui je ne sais quel charme qui les rendait de plus en plus
agréables : mais, hâtons-nous de le dire, malgré tout le prix de ces
avantages réels, de ces formes exquises, d'un savoir-vivre parfait,
de ces trésors d'une intelligence bien cultivée, il avait mieux que
tout cela, c'était son ame généreuse, son ame remplie d'une
sensibilité profonde, son ame dans laquelle il n'y avait qu'un
désir, qu'une pensée, qu'une volonté, celle d'être utile, d'obliger,
de rendre service, même à des ingrats. Aussi ne laissait-il jamais
échapper l'occasion d'exercer sa bienfaisance ou de rendre un
service, il en éprouvait le besoin, il faisait le bien naturellement
et il le faisait avec cette délicatesse qui doublait le devoir de la
reconnaissance pour les obligés. J'achèverai de peindre l'homme
par un trait plus éloquent que toutes nos paroles. Admirablement
servi et secondé dans ses vues généreuses par une femme épouse
modèle, et modèle elle-même de bonté et de bienfaisance, il fit
son bonheur des soins et des bienfaits dont il combla les enfants
de son frère. Avec quelle sollicitude paternelle, avec quelle ten-
dresse ne veilla-t-il point particulièrement sur le fils de Pierre
Lejosne qu'il traita comme s'il eût été son propre enfant. Tout
ce que l'affection la plus tendre peut inspirer de soins délicats,
d'attentions paternelles, de vigilance active, fut prodigué au jeune
Lejosne, pour développer ses forces, fortifier sa santé, cultiver son

esprit et former son cœur. L'oncle s'était fait le père, l'ami et le précepteur de son neveu; il le comblait de ses bontés, des marques de son amour, et lui donnait lui-même ces soins plus précieux que tous les autres, ceux d'une excellente éducation. Avec quel intérêt et de quel air pénétrant et pénétré il insinuait dans l'intelligence de son jeune élève, ces leçons, ces préceptes, ces enseignements sacrés qui forment le cœur à la vertu et ouvrent l'esprit à ces vérités morales et religieuses qu'il rappelait sans cesse au jeune LEJOSNE, comme étant la base unique de nos vertus et de nos félicités. Aussi avec quel épanchement d'une ame qui se souvient, avec quelle effusion d'un cœur reconnaissant, le neveu se plait-il à rappeler les vertus, les qualités, les bienfaits de l'homme qui fut pour lui *la douce providence de l'orphelin.*

Je n'ajouterai plus qu'un mot, c'est que M. LEJOSNE, qui réunissait en lui tant de belles qualités, de si grandes lumières, une si haute intelligence, qui se recommandait par tant de titres et de mérites, ajoutait à tout cela une simplicité rare, une modestie vraie qui, sans lui laisser ignorer sa valeur, l'empêcha toujours de s'en prévaloir et ne lui permit jamais de faire sentir sa supériorité.

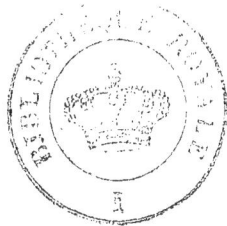

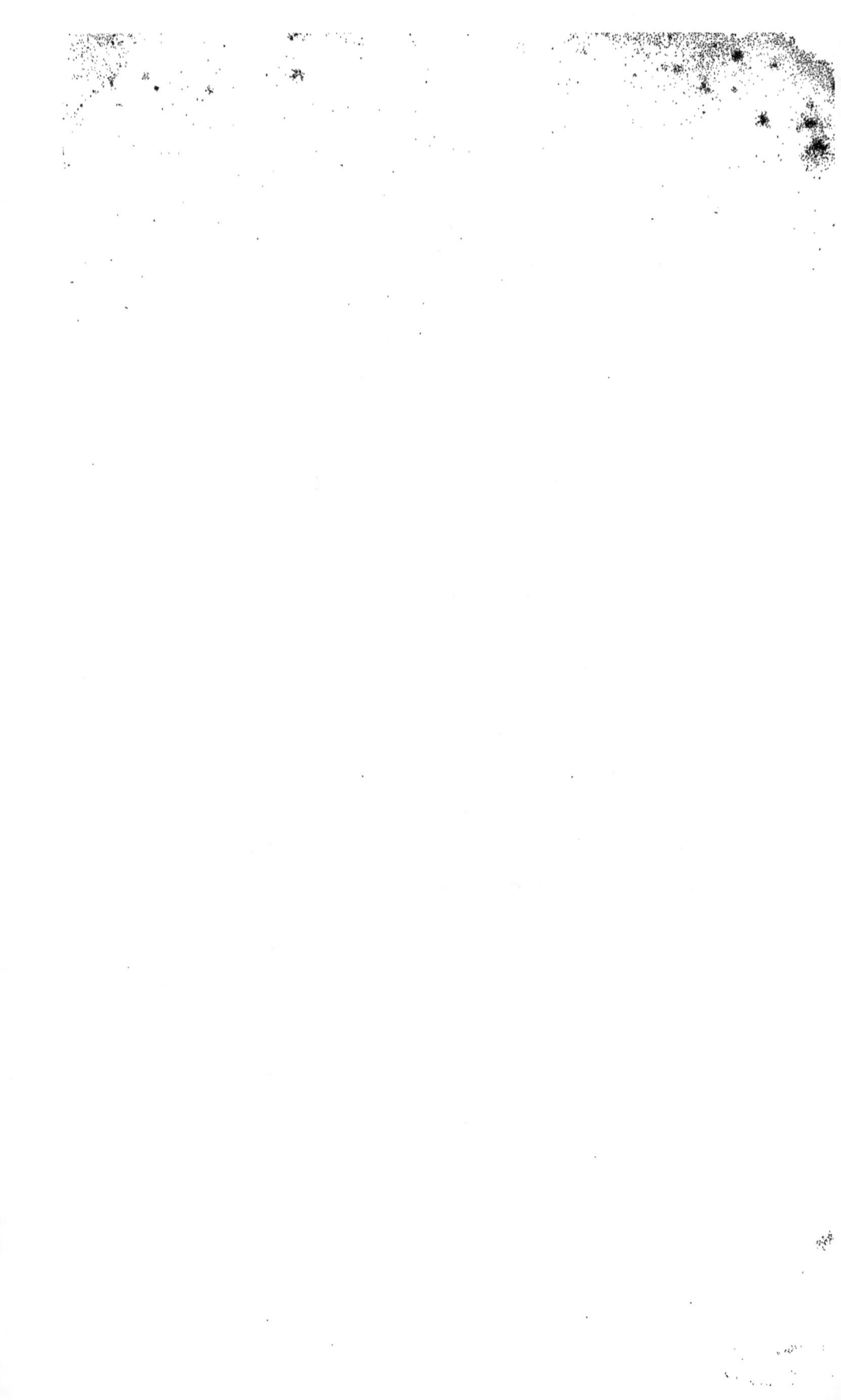

www.ingramcontent.com/pod-product-compliance
Lightning Source LLC
Chambersburg PA
CBHW061811040426
42447CB00011B/2599